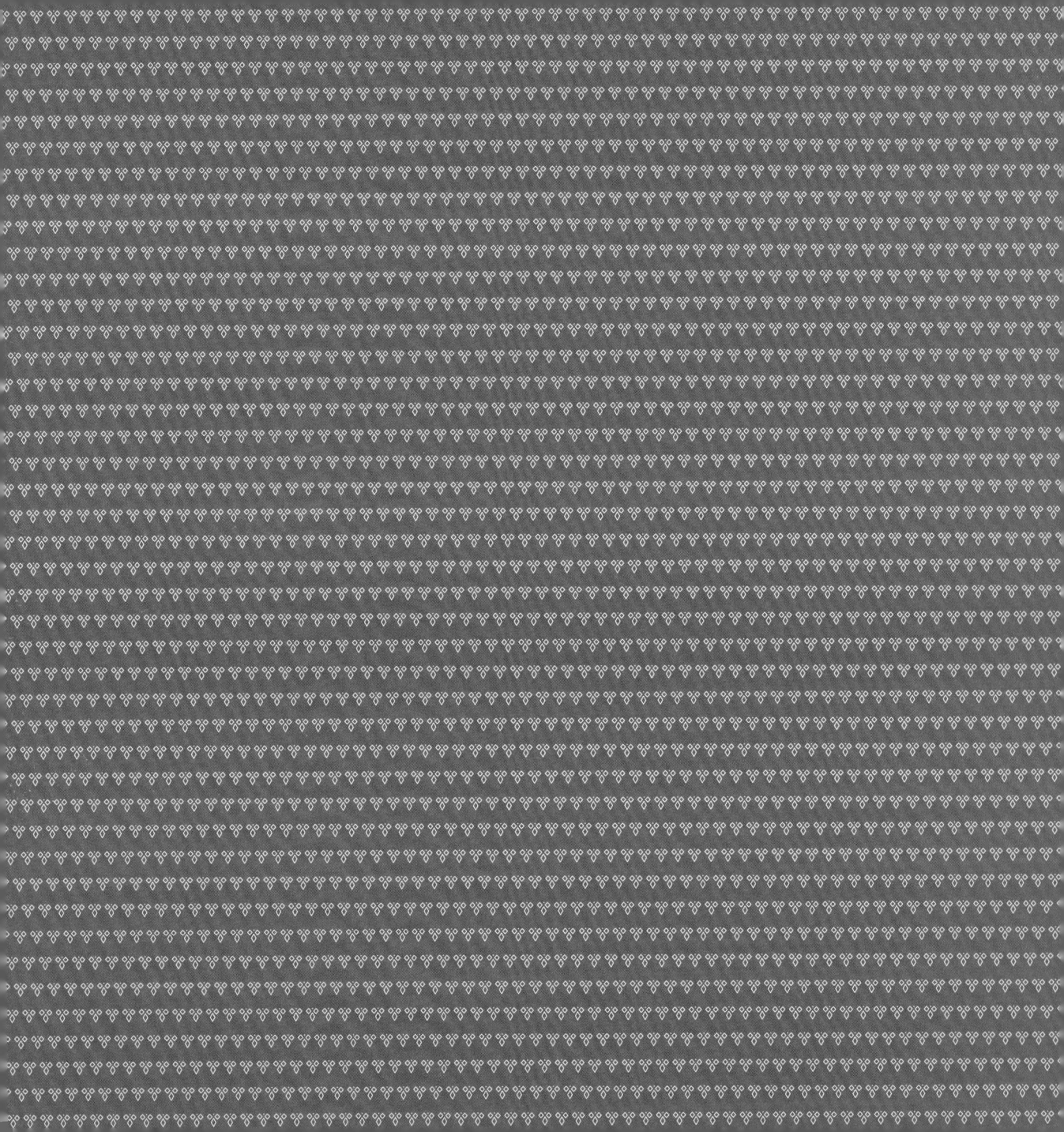

Müsliriegel & Fruchtschnitten

NILEEN MARIE SCHALDACH

Müsliriegel & Fruchtschnitten

gesund, köstlich, selbst gemacht

JAN THORBECKE VERLAG

VERLAGSGRUPPE PATMOS

PATMOS
ESCHBACH
GRÜNEWALD
THORBECKE
SCHWABEN

Die Verlagsgruppe
mit Sinn für das Leben

Ein großes Dankeschön an …

meinen Mann Stephan, der mich während
des gesamten Buchprojekts tatkräftig unter-
stützt hat, Riegel für Riegel kritisch pro-
biert hat und immer für mich da ist! Danke,
dass es dich gibt!

meine liebe Freundin Judith, die jederzeit ein
offenes Ohr hat und mit der ich schon unzählig
viele wunderbare Momente erleben durfte!

Mama, Papa und meinen Bruder Vivek, die
immer hinter mir stehen und mich in meinem
Tun unterstützen. Danke für alles, was ihr
mir gebt!

ZUR AUTORIN

Nileen Marie Schaldach ist 25 Jahre alt, an-
gehende Pädagogin, Kochbuch-Autorin,
Foodfotografin und lebt mit ihrem Mann in
München. Seit 2012 betreibt sie den erfolg-
reichen Foodblog Schätze aus meiner Küche
(www.schaetzeausmeinerkueche.de). Auf
ihrem Blog teilt sie mit ihren Lesern ihre
Begeisterung für alles rund um Food und
Kulinarik.

Für die Schwabenverlag AG ist Nachhaltigkeit
ein wichtiger Maßstab ihres Handelns. Wir
achten daher auf den Einsatz umweltschonender
Ressourcen und Materialien.

Gestaltung: Finken & Bumiller, Stuttgart
Druck: Grafisches Centrum Cuno GmbH &
Co. KG, Calbe
Hergestellt in Deutschland
ISBN 978-3-7995-1149-0 (Print)
ISBN 978-3-7995-1175-9 (eBook)

Liebe Leserin, lieber Leser,

gerne informieren wir Sie künftig über unsere Neuerscheinungen. Teilen Sie uns mit, für welche Themen Sie sich interessieren, und schicken Sie einfach diese Karte zurück. Wenn Sie außerdem unsere Fragen auf der Rückseite beantworten, helfen Sie uns, zukünftig genau die Bücher zu machen, die **Sie** interessieren!

Bei Rücksendung dieser Bücherkarte nehmen Sie an unserer monatlichen Verlosung teil: Die Gewinnerin/der Gewinner erhält Bücher aus den von Ihnen genannten Themenbereichen im Wert von 50,– €.

VORNAME / NAME

STRASSE / HAUSNUMMER

PLZ / ORT

E-MAIL

Bei Angabe Ihrer Mail-Adresse erhalten Sie rund 6 Mal jährlich unseren Newsletter, der Sie über die uns genannten Themenbereiche informiert.

Antwort

JAN THORBECKE VERLAG

VERLAGSGRUPPE PATMOS

Senefelderstraße 12
D-73760 Ostfildern

Müsliriegel für jeden Geschmack

Ich erinnere mich noch sehr gut an einen Urlaub auf Langeoog, bei dem wir tagtäglich Unmengen an Müsliriegeln einer bekannten Marke verzehrt haben! Ich will nicht wissen, wie viele Packungen wir gekauft haben ... Der Renner jedenfalls war Schoko-Banane. Und auch heute liebe ich diesen Riegel noch genauso wie damals. Einziger Unterschied: Ich backe mir den „Banana-Split-Riegel" selbst.

Müsliriegel gehen immer, und derzeit sind sie so beliebt wie nie. Überall findet man Rezepte für Riegel, Energy Balls und Granola Bars. Mich wundert das nicht, denn ein Müsliriegel ist der perfekte Snack bei der Arbeit, beim Wandern, in der Schule oder für Zwischendurch. Die Vielfalt an Müsliriegeln ist riesig – es gibt sie besonders süß mit Schokolade, nussig mit vielen ganzen Nüssen oder fruchtig mit getrockneten Früchten.

In meinem Buch gibt es 15 verschiedene Müsliriegel-Rezepte. Süß, fruchtig, nussig – mal mit, mal ohne Superfoods. So ist garantiert für jeden Geschmack der richtige Riegel dabei!

Neben Müsliriegeln esse ich auch gerne Fruchtschnitten, die mit einer geballten Ladung an Früchten und Nüssen den kleinen Hunger stillen. Als Kinder haben wir sie oft als süßen Snack bekommen, wenn wir Lust auf Schokolade hatten. Im Buch gibt es vier Rezepte für fruchtig-süße Fruchtschnitten.

Für Kinder sind die Müsli-Cookies genau richtig. Der Teig für die Cookies wird mit Haferflocken, Cornflakes, Nüssen oder Früchten verfeinert. Dadurch werden die Cookies schön knusprig. In der Brotzeitbox für Groß und Klein sind die garantiert ein Schmankerl! Und für Fans von Herzhaftem gibt es ganz hinten im Buch auch noch zwei Rezepte mit Oliven und Tomaten.

Gönnt euch eine Pause mit eurem Lieblingsriegel!

Eure Nileen Marie Schaldach

Inhalt

Müsliriegel für jeden Geschmack

Ich erinnere mich noch sehr gut an einen Urlaub auf Langeoog, bei dem wir tagtäglich Unmengen an Müsliriegeln einer bekannten Marke verzehrt haben! Ich will nicht wissen, wie viele Packungen wir gekauft haben ... Der Renner jedenfalls war Schoko-Banane. Und auch heute liebe ich diesen Riegel noch genauso wie damals. Einziger Unterschied: Ich backe mir den „Banana-Split-Riegel" selbst.

Müsliriegel gehen immer, und derzeit sind sie so beliebt wie nie. Überall findet man Rezepte für Riegel, Energy Balls und Granola Bars. Mich wundert das nicht, denn ein Müsliriegel ist der perfekte Snack bei der Arbeit, beim Wandern, in der Schule oder für Zwischendurch. Die Vielfalt an Müsliriegeln ist riesig – es gibt sie besonders süß mit Schokolade, nussig mit vielen ganzen Nüssen oder fruchtig mit getrockneten Früchten.

In meinem Buch gibt es 15 verschiedene Müsliriegel-Rezepte. Süß, fruchtig, nussig – mal mit, mal ohne Superfoods. So ist garantiert für jeden Geschmack der richtige Riegel dabei!

Neben Müsliriegeln esse ich auch gerne Fruchtschnitten, die mit einer geballten Ladung an Früchten und Nüssen den kleinen Hunger stillen. Als Kinder haben wir sie oft als süßen Snack bekommen, wenn wir Lust auf Schokolade hatten. Im Buch gibt es vier Rezepte für fruchtig-süße Fruchtschnitten.

Für Kinder sind die Müsli-Cookies genau richtig. Der Teig für die Cookies wird mit Haferflocken, Cornflakes, Nüssen oder Früchten verfeinert. Dadurch werden die Cookies schön knusprig. In der Brotzeitbox für Groß und Klein sind die garantiert ein Schmankerl! Und für Fans von Herzhaftem gibt es ganz hinten im Buch auch noch zwei Rezepte mit Oliven und Tomaten.

Gönnt euch eine Pause mit eurem Lieblingsriegel!

Eure Nileen Marie Schaldach

Zutateninfo

Honig, Butter & Kokosöl

Damit die Müsliriegel auch gut zusammenhalten, verwende ich als Bindemittel Honig, Butter oder Kokosöl. Durch den Honig werden die Müsliriegel verhältnismäßig süß, und natürlich schmeckt man den Honig auch deutlich heraus. Das Kokosöl, das ich in manchen Rezepten nutze, ist ein geschmacksneutrales und sehr gesundes Bindemittel, das auch zu den beliebten Superfoods zählt. Außerdem kommen Ahornsirup, verschiedene Nussmus-Sorten wie z.B. Mandelmus oder reife Bananen, zu Mus zerdrückt, zum Einsatz.

Haferflocken, Cornflakes & Nüsse

Die Basis aller Müsliriegel besteht aus einer selbst zusammengestellten Müslimischung, die z.B. aus Haferflocken, Cornflakes, Hafercrunch und Nüssen in verschiedener Konsistenz besteht. Wichtig bei den trockenen Zutaten ist, dass sie sehr fein sein müssen, das heißt Nüsse müssen klein gehackt werden. Ansonsten zerfallen die Müsliriegel leicht.

Schokolade, Vanille & Gewürze

Um den Müsliriegeln eine besondere Geschmacksnote zu geben, aromatisiere ich gerne mit frischer Vanille, Zitrusfrüchten in Form von Saft oder Schale oder Gewürzen wie Zimt. Zum Aromatisieren gibt es auch tolle Gewürzmischungen z.B. von Just Spices (www.justspices.de). Ich benutze die Mischungen „Oatmeal Spice", „Sweet Love", „Kaffeekuss" und „Kokoskuss" für alles, was mit Müsli zu tun hat. Wenn es schokoladig werden soll, verwende ich Kakao oder Kakaonibs. Letztere gehören in die Kategorie Superfoods. Mit Kakaonibs könnt ihr neben euren Müsliriegeln auch Müsli-Bowls, Obstsalate & Co verfeinern. Das schmeckt himmlisch! In manchen Rezepten nehme ich auch Schokoladentropfen. Der Vorteil ist, dass diese beim Backen nicht zerlaufen. Die Tropfen gibt es im gut sortierten Supermarkt.

Chiasamen, Goji-Beeren & gepuffte Quinoa

Diese Zutaten sind die Stars unter den Superfoods. Mit Chiasamen, Goji-Beeren und gepuffter Quinoa lassen sich tolle Riegel zaubern. Kombiniert mit feinen Nüssen, Kakao und nativem Kokosöl entstehen leckere Riegel wie z.B. die Superfood Bars mit Pistazie, Kakaonibs und Orange.

Trockenfrüchte

Für meine Müsliriegel verwende ich in der Regel Trockenfrüchte. Diese haben den Vorteil, dass sie deutlich länger haltbar sind und somit auch der fertige Riegel länger frisch bleibt. Trockenfrüchte gibt es in sämtlichen Varianten. Für meine Fruchtschnitten mixe ich verschiedene Sorten zu einem Fruchtmus. Vermischt mit ein paar Nüssen schmeckt das richtig fein.

Zubereitung & Haltbarkeit

- Riegel mit frischem Obst möglichst im Kühlschrank lagern (z.B. Banana-Split-Riegel)
- Riegel luftdicht in Dosen o.Ä. verpackt lagern
- Riegel, die beim Backen etwas zerlaufen, sofort nach dem Backen mit einem Teigschaber in Form bringen
- Zutaten für die Riegel immer sehr klein schneiden oder zerbröseln, damit die Riegel gut zusammenhalten
- Gebackene Riegel mindestens 4 Stunden auskühlen lassen, erst dann in Riegel schneiden
- Gebackene Riegel sind ca. 1–2 Wochen haltbar.

Erdnuss-Salzkaramell-Riegel

Ergibt ca. 8 Riegel

1 EL Erdnüsse + 70 g Erdnüsse
2 Bananen
2 TL Zitronensaft
60 g Haferflocken
40 g Dinkelflocken
30 g Sesam
30 g Zucker
1 Prise Salz
Fleur de Sel

❀❀❀❀❀❀❀❀❀❀❀❀❀❀❀❀❀❀❀❀❀❀❀❀❀

Den Backofen auf 180 °C Ober-/Unterhitze vorheizen und ein Backblech mit Backpapier auslegen.

Eine kleine beschichtete Pfanne erhitzen und 1 EL Erdnüsse ohne Fett goldgelb rösten. Aus der Pfanne nehmen und beiseitestellen.

Die Bananen zusammen mit dem Zitronensaft in einer Schüssel mithilfe einer Gabel zu feinem Mus zerdrücken. Die restlichen Erdnüsse klein hacken und mit den Haferflocken, den Dinkelflocken und dem Sesam unter das Bananenmus mischen.

Die Müslimasse in acht Portionen teilen und auf das Backblech geben. Jede Portion zu einem Riegel formen und leicht festdrücken. Die gerösteten Erdnüsse gleichmäßig auf den Riegeln verteilen und andrücken. Die Riegel im Ofen (Mitte) in ca. 18–22 Minuten goldgelb backen.

Den Zucker mit einer Prise Salz in einem kleinen Topf erwärmen, bis hellbrauner Karamell entstanden ist. Den Karamell mithilfe eines Löffels auf den Riegeln verteilen und sofort ein paar Fleur-de-Sel-Flocken darüberstreuen. Die Riegel im Kühlschrank aufbewahren.

Apfeltraum mit Zimt, Pekannuss & weißer Schokolade

Ergibt ca. 10 Riegel

50 g Apfelringe
50 g Pekannusskerne
25 g weiße Schokolade
75 g Dinkelflocken
25 g Cornflakes
45 g Mehl (Type 405)
½ TL Zimtpulver
75 g flüssiger Honig
50 g cremiger Honig
20 g flüssige Butter

❁❁❁❁❁❁❁❁❁❁❁❁❁❁❁❁❁❁❁❁❁❁❁❁❁

Den Backofen auf 170 °C Ober-/Unterhitze vorheizen und ein Backblech mit Backpapier auslegen.

Die Apfelringe, die Pekannusskerne und die weiße Schokolade fein hacken und mit den Dinkelflocken, den zerbröselten Cornflakes, dem Mehl und dem Zimtpulver in eine große Schüssel geben.

Beide Honigsorten und die Butter in die Schüssel geben und alles mit einem großen Löffel oder mit den Händen zu einer gleichmäßigen Mischung verarbeiten.

Die Masse auf das Backblech geben und zu einem festen Quadrat mit einer Dicke von ca. 1,5 cm drücken und formen.

Die Müsliplatte im Ofen (Mitte) in ca. 20 Minuten backen. Die Müsliplatte aus dem Ofen nehmen, vollständig abkühlen lassen und in Riegel schneiden.

TIPP:
Hier schmeckt das Oatmeal-Spice von Just Spices besonders gut dazu. Einfach nach Belieben unter die Müslimischung rühren.

Powerriegel mit Feige, Dattel & Walnuss

Ergibt ca. 5–7 Riegel

25 g getrocknete Soft-Datteln
25 g getrocknete Soft-Feigen
25 g Walnüsse
50 g Haferflocken
15 g Mehl
35 g flüssiger Honig
25 g Erdnusscreme
2 TL Zitronensaft

❦❦❦❦❦❦❦❦❦❦❦❦❦❦❦❦❦❦❦❦❦❦❦❦

Den Backofen auf 150 °C Ober-/Unterhitze vorheizen und ein Backblech mit Backpapier auslegen.

Die Datteln, die Feigen und die Walnüsse fein hacken. Alle Zutaten in eine große Schüssel geben und mit einem großen Löffel oder mit den Händen zu einer gleichmäßigen, klebrigen Masse vermengen.

Die Masse auf das Backblech geben und zu einem Quadrat mit einer Dicke von ca. 1,5 cm drücken und formen.

Die Müsliplatte im Ofen (Mitte) in ca. 15 Minuten backen. Die Müsliplatte aus dem Ofen nehmen und sofort mit dem Backpapier auf ein großes Schneidebrett ziehen. Die Müsliplatte für ca. 30 Minuten in den Kühlschrank geben und vollständig abkühlen lassen.

Anschließend mit einem großen Messer in 10 Riegel schneiden.

Banana-Split-Riegel

Ergibt ca. 5–7 Riegel

15 g Cornflakes
15 g Haferflocken (kernig)
10 g Hafercrunch
15 g Choco Krispies
15 g gehackte Haselnüsse
10 g Schokoladentropfen (Zartbitter)
75 g reife Banane
1 TL Zitronensaft
15 g Kokosöl
10 g Butter
1,5 TL Rohrzucker
15 g Zartbitterkuvertüre

❦❦❦❦❦❦❦❦❦❦❦❦❦❦❦❦❦❦❦❦❦❦❦❦❦

Den Backofen auf 170 °C Ober-/Unterhitze vorheizen und ein Backblech mit Backpapier auslegen.

Die Cornflakes, die Haferflocken, den Hafercrunch, die Choco Krispies, die Haselnüsse und die Schokoladentropfen in einer großen Schüssel vermengen. Die Bananen schälen, mit einer Gabel zerdrücken und mit dem Zitronensaft vermischen. Das Bananenmus ebenfalls in die Schüssel geben und mit den trockenen Zutaten vermengen.

Das Kokosöl, die Butter und den Rohrzucker in einem kleinen Topf unter Rühren aufkochen, über die restlichen Zutaten gießen und alles zu einer gleichmäßigen Masse verrühren.

Die Masse auf das Backblech geben und zu einem Quadrat mit einer Dicke von ca. 1,5 cm drücken und formen.

Die Müsliplatte im Ofen (Mitte) in ca. 25 Minuten backen. Die Müsliplatte aus dem Ofen nehmen, vollständig abkühlen lassen, dann in Riegel schneiden.

Die Kuvertüre grob hacken und über dem Wasserbad schmelzen. Die Unterseiten der Riegel mit Kuvertüre bestreichen. Die Riegel im Kühlschrank kühlen, bis die Kuvertüre fest ist.

TIPP:
Da die Riegel frische Banane enthalten, empfiehlt sich die Lagerung im Kühlschrank, sofern sie nicht sowieso schnell aufgegessen werden.

Riegel mit weißer Schokolade & Cranberrys

Ergibt ca. 10 Riegel

50 g Cranberrys
25 g weiße Schokolade
75 g Haferflocken
25 g Cornflakes
50 g Kokosflocken
50 g Mehl (Type 405)
75 g flüssiger Honig
50 g cremiger Honig
20 g flüssige Butter
50 g weiße Kuvertüre

Den Backofen auf 170 °C Ober-/Unterhitze vorheizen und ein Backblech mit Backpapier auslegen.

Die Cranberrys und die weiße Schokolade grob hacken. Alle Zutaten bis auf die Kuvertüre in eine große Schüssel geben und mit einem großen Löffel oder mit den Händen zu einer gleichmäßigen, klebrigen Masse vermengen. Wichtig ist,

dass sich alle trockenen Zutaten gut mit dem Honig und der Butter verbinden.

Die Masse auf das Backblech geben und zu einem Quadrat mit einer Dicke von ca. 1,5 cm drücken und formen.

Die Müsliplatte im Ofen (Mitte) in ca. 20 Minuten backen. Die Müsliplatte aus dem Ofen nehmen und sofort mit dem Backpapier auf ein großes Schneidebrett ziehen. Die Müsliplatte in gleich große Riegel schneiden. Die Riegel vollständig abkühlen lassen.

Die Kuvertüre grob hacken und über dem Wasserbad schmelzen. Die Kuvertüre in einen Spritzbeutel mit einer kleinen Lochtülle füllen und in Linien auf den Riegeln auftragen.

TIPP:
Für besonders schöne Müsliriegel kann man noch ein paar gehackte Cranberrys auf die flüssige Kuvertüre streuen.

Nougat-Haselnuss-Riegel

Ergibt ca. 10 Riegel

30 g Nougat
50 g Vollkorn-Haferflocken
75 g gehackte Haselnüsse
25 g gehackte Mandeln
20 g Choco Krispies
10 g gemahlene Haselnüsse
40 g Vollkornmehl
Mark von ½ Vanilleschote
20 g Schokotropfen
50 g flüssiger Honig
50 g cremiger Honig
25 g geschmolzener Nougat
20 g flüssige Butter
50 g Zartbitterkuvertüre

❀❀❀❀❀❀❀❀❀❀❀❀❀❀❀❀❀❀❀❀❀❀❀❀❀❀❀

Den Backofen auf 170 °C Ober-/Unterhitze vorheizen und ein Backblech mit Backpapier auslegen.

Den Nougat in kleine Stücke schneiden. Alle Zutaten bis auf die Kuvertüre in eine große Schüssel geben und mit einem großen Löffel oder mit den Händen zu einer gleichmäßigen, klebrigen Masse vermengen. Wichtig ist, dass sich alle trockenen Zutaten gut mit dem Honig und der Butter verbinden.

Die Masse auf das Backblech geben und zu einem Quadrat mit einer Dicke von ca. 1,5 cm drücken und formen.

Die Müsliplatte im Ofen (Mitte) in ca. 20 Minuten backen. Die Müsliplatte aus dem Ofen nehmen und sofort mit dem Backpapier auf ein großes Schneidebrett ziehen. Die Müsliplatte in gleich große Riegel schneiden. Die Riegel vollständig abkühlen lassen.

Die Kuvertüre grob hacken und über dem Wasserbad schmelzen. Die Kuvertüre in einen Spritzbeutel mit einer kleinen Lochtülle füllen und in Linien auf den Riegeln auftragen.

TIPP:
Als Nougat kann man entweder den Back-Nougat im Block oder feine Nougat-Schokolade verwenden.

Schoko-Kokos-Riegel mit Zitrone

Ergibt ca. 10 flache Riegel

50 g Haferflocken
25 g Cornflakes
1 EL Hafercrunch
45 g Kokosflocken
25 g Schokotropfen
10 g Kakaonibs
40 g Kokosöl
30 g Ahornsirup
30 g cremiger Honig
1 EL Zitronensaft
1 TL frisch geriebene Zitronenschale
1 EL Rohrzucker
1 Prise Salz
15 g flüssiger Honig
20 g Schokoladencreme

❋❋❋❋❋❋❋❋❋❋❋❋❋❋❋❋❋❋❋❋❋❋❋❋❋❋❋

Den Backofen auf 160 °C Ober-/Unterhitze vorheizen und ein Backblech mit Backpapier auslegen.

Die Haferflocken, die Cornflakes, den Hafercrunch und die Kokosflocken im Mixer zerkleinern. Die Schokotropfen und die Kakaonibs unterrühren.

Das Kokosöl, den Ahornsirup, den cremigen Honig, den Zitronensaft, die Zitronenschale, den Rohrzucker und das Salz in einem kleinen Topf unter Rühren schmelzen. Die flüssige Mischung über die trockenen Zutaten gießen, den flüssigen Honig und die Schokoladencreme dazugeben und alles gut vermengen.

Die Mischung auf das Backblech geben und mithilfe eines schweren Gegenstandes (z.B. eines Topfes) zu einem gleichmäßigen, ca. 1,5 cm dicken Quadrat festdrücken.

Die Müsliplatte im Ofen (Mitte) ca. 10 Minuten backen. Die Müsliplatte aus dem Ofen nehmen, vollständig abkühlen lassen, dann in Riegel schneiden.

Double Chocolate Bars

Ergibt ca. 6 Bars

30 g Haferflocken
30 g Hafercrunch
10 g Choco Krispies
20 g gehackte Mandeln oder Haselnüsse
10 g Schokotropfen
2 TL Kokosblütenzucker
1 TL Kakao oder Oatmeal Spice
25 g Butter
30 g cremiger Honig
15 g Ahornsirup
15 g Kokosöl
30 g weiße Kuvertüre

❦❦❦❦❦❦❦❦❦❦❦❦❦❦❦❦❦❦❦❦❦❦❦❦❦

Den Backofen auf 150 °C Ober-/Unterhitze vorheizen und ein Backblech mit Backpapier auslegen.

Alle trockenen Zutaten in eine Schüssel geben und gut vermischen. Die Butter, den Honig, den Ahornsirup und das Kokosöl in einem kleinen Topf erhitzen. Dann über die Müslimischung gießen und alles gut umrühren.

Die Masse auf das Backblech geben und zu einem Quadrat mit einer Dicke von ca. 2 cm drücken und formen.

Die Müsliplatte im Ofen (Mitte) in ca. 15 Minuten backen. Die Müsliplatte aus dem Ofen nehmen und sofort mit dem Backpapier auf ein großes Schneidebrett ziehen. Die Müsliplatte für ca. 30 Minuten in den Kühlschrank geben und vollständig abkühlen lassen.

Die Kuvertüre grob hacken und über dem Wasserbad schmelzen. Anschließend die Müsliplatte mit einem großen scharfen Messer in 6 Bars schneiden und die Unterseiten der Bars mit geschmolzener Kuvertüre bestreichen. Die Bars mit der Kuvertüre im Kühlschrank aushärten lassen.

Riegel mit weißer Schokolade & Mango

Ergibt ca. 10 Riegel

50 g getrocknete Mango
60 g Haferflocken
30 g Kokosflocken
30 g Cornflakes
30 g Hafercrunch
30 g weiße Schokoladentropfen
Mark von ¼ Vanilleschote
2 TL Zitronensaft
100 g flüssiger Honig
70 g cremiger Honig

❧❧❧❧❧❧❧❧❧❧❧❧❧❧❧❧❧❧❧❧❧❧❧❧❧

Den Backofen auf 150 °C Ober-/Unterhitze vorheizen und ein Backblech mit Backpapier auslegen.

Die Mango fein hacken. Alle Zutaten in eine große Schüssel geben und mit einem großen Löffel oder mit den Händen zu einer gleichmäßigen, klebrigen Masse vermengen.

Die Masse auf das Backblech geben und zu einem Quadrat mit einer Dicke von ca. 1,5 cm drücken und formen.

Die Müsliplatte im Ofen (Mitte) in ca. 15 Minuten backen. Die Müsliplatte aus dem Ofen nehmen und sofort mit dem Backpapier auf ein großes Schneidebrett ziehen. Die Müsliplatte für ca. 30 Minuten in den Kühlschrank geben und vollständig abkühlen lassen. Anschließend mit einem großen Messer in 10 Riegel schneiden.

TIPP:
Statt weißer Schokoladentropfen kann man auch grob gehackte weiße Schokolade verwenden.

Chocolate Energy Balls

Ergibt ca. 12 Energy Balls

120 g Medjoul-Datteln
60 g Mandelmus (braun)
10 g Kakaopulver
10 g Kakaonibs
10 g Kokosraspel + 1 EL Kokosraspel
   zur Dekoration (nach Belieben)
10 g Hanfsamen
1 Msp. Vanillemark

❦❦❦❦❦❦❦❦❦❦❦❦❦❦❦❦❦❦❦❦❦❦❦❦❦❦

Die Datteln im Mixer zu einem Mus verarbeiten. Das Dattelmus in einer Schüssel mit dem Mandelmus vermischen. Mit einer Gabel die übrigen Zutaten untermischen.

Mit angefeuchteten Händen 12 kleine Kugeln formen und nach Belieben in Kokosraspeln wälzen.

TIPP:
Statt mit Mandelmus kann man die Energy Balls auch mit Haselnussmus zubereiten.

Fruchtbites mit Aprikose, Mango & Kokos

Ergibt ca. 10 Bites

15 g Haferflocken (kernig)
75 g Soft-Aprikosen
75 g getrocknete Mango
30 g Kokosflocken
2 TL Zitronensaft
½ TL frisch geriebene Zitronenschale
Kokosflocken (nach Belieben)

Die Haferflocken im Mixer zerkleinern, dann in eine Schüssel füllen. Die Soft-Aprikosen und die Mango grob hacken und im Mixer zu einem groben Mus verarbeiten.

Das Fruchtmus zu den Haferflocken in die Schüssel geben, die Kokosflocken, den Zitronensaft und die Zitronenschale dazugeben und alles zu einer gleichmäßigen Masse verkneten. Das geht am besten mit den Händen.

Aus der Fruchtmasse 10 Bällchen formen. Die Bällchen nach Belieben in Kokosflocken wälzen.

Vierfruchtschnitte mit Haselnüssen

Ergibt ca. 12 Fruchtschnitten

40 g getrocknete Pflaumen
50 g Medjoul-Datteln
50 g getrocknete Weintrauben
40 g getrocknete Sauerkirschen
40 g gehackte Haselnüsse
2 rechteckige Oblaten (ca. 10 × 25 cm)

❋❋❋❋❋❋❋❋❋❋❋❋❋❋❋❋❋❋❋❋❋❋❋❋❋❋❋❋

Die Trockenfrüchte in einem Blitzhacker zu feinem Mus zerkleinern. Die Haselnüsse mit einer Gabel unter das Fruchtmus heben.

Die Fruchtmasse auf eine Oblate geben, gleichmäßig festdrücken und mit der zweiten Oblate bedecken. Dann in Schnitten oder Würfel schneiden.

Fruchtschnitte mit Dattel, Feige & Pflaume

Ergibt ca. 8 Fruchtschnitten

20 g Pistazien
20 g Kakaonibs
50 g Soft-Datteln
50 g Soft-Pflaumen
50 g Soft-Feigen
10 g Chiasamen
20 g gehackte Haselnüsse
2 TL Orangensaft
½ TL frisch geriebene Orangenschale
2 rechteckige Oblaten (ca. 16 × 16 cm)

Die Pistazien und die Kakaonibs im Blitzhacker oder Mixer zerkleinern und in eine große Schüssel geben. Die Softfrüchte grob hacken und ebenfalls im Mixer zu einem groben Mus verarbeiten.

Das Fruchtmus in die Schüssel geben, die Chiasamen, die Haselnüsse, den Orangensaft und die Orangenschale dazugeben und alles zu einer gleichmäßigen Masse verkneten. Das geht am besten mit den Händen.

Die Fruchtmasse auf eine Oblate geben, gleichmäßig festdrücken und mit der zweiten Oblate bedecken. Dann in Schnitten oder Würfel schneiden.

Sommerriegel mit Kirsche, Cranberry & Pflaume

Ergibt ca. 8 Riegel

20 g Kokosflocken
20 g Kakaonibs
50 g Soft-Kirschen
50 g Soft-Pflaumen
50 g Cranberrys
10 g Hanfsamen
20 g gehackte Mandeln
2 TL Limettensaft oder Kirschsaft
2 rechteckige Oblaten (ca. 16 × 16 cm)

❀❀❀❀❀❀❀❀❀❀❀❀❀❀❀❀❀❀❀❀❀❀❀❀❀

Die Kokosflocken und die Kakaonibs im Blitz-hacker oder Mixer zerkleinern und in eine große Schüssel geben. Die Früchte grob hacken und ebenfalls im Mixer zu einem groben Mus ver-arbeiten.

Das Fruchtmus in die Schüssel geben, die Hanf-samen, die Mandeln und den Limetten- bzw. Kirschsaft dazugeben und alles zu einer gleich-mäßigen Masse verkneten. Das geht am besten mit den Händen.

Die Fruchtmasse auf eine Oblate geben, gleich-mäßig festdrücken und mit der zweiten Oblate bedecken. Dann in Riegel oder Würfel schneiden.

Aprikosen-Marzipan-Fruchtschnitte

Ergibt ca. 5 Fruchtschnitten

100 g getrocknete Soft-Aprikosen
50 g Marzipanrohmasse
½ TL Orangensaft
¼ TL fein geriebene Schale einer Bio-Orange
2 rechteckige Oblaten (ca. 15 × 15 cm)

❀❀❀❀❀❀❀❀❀❀❀❀❀❀❀❀❀❀❀❀❀❀❀❀❀❀❀

Die Aprikosen klein schneiden und zusammen mit dem Marzipan im Blitzhacker zu einem feinen Mus mixen.

Das Aprikosen-Marzipan-Mus in eine Schüssel geben, den Orangensaft und die Orangenschale dazugeben und alles zu einer gleichmäßigen Masse verkneten. Das geht am besten mit den Händen.

Die Fruchtmasse auf eine Oblate geben, gleichmäßig festdrücken und mit der zweiten Oblate bedecken. Dann in Schnitten oder Würfel schneiden.

Müsli-Cookies mit Rosinen

Ergibt ca. 12 Cookies

2 reife Bananen
2 TL Limettensaft
60 g kernige Haferflocken
40 g feine Dinkelflocken
30 g Kokosflocken
30 g gehackte Haselnüsse
40 g Rosinen
1 Prise Zimt oder etwas Vanillemark

❀❀❀❀❀❀❀❀❀❀❀❀❀❀❀❀❀❀❀❀❀❀❀❀❀❀

Den Backofen auf 180 °C Ober-/Unterhitze vorheizen und ein Backblech mit Backpapier auslegen.

Die Bananen mit dem Limettensaft in eine Schüssel geben und mit einer Gabel zu einem Mus zerdrücken.

Die Haferflocken, die Dinkelflocken, die Kokosflocken, die Haselnüsse, die Rosinen und den Zimt bzw. das Vanillemark unter das Bananenmus rühren.

Mit einem Esslöffel 12 Häufchen mit etwas Abstand zueinander auf das Blech setzen. Die Häufchen anschließend zu runden Cookies formen und flach drücken. Die Cookies im Ofen (Mitte) in ca. 18–22 Minuten goldgelb backen.

Die Cookies aus dem Ofen nehmen und lauwarm oder kalt genießen. Im Kühlschrank aufbewahren.

Müsli-Cookies mit Schokolade

Ergibt ca. 15 Cookies

100 g weiche Butter
30 g brauner Zucker
30 g Zucker
einige Tropfen Vanilleextrakt
1 Ei (M)
100 g Dinkelmehl
1 Prise Salz
40 g Haferflocken
20 g Cornflakes
20 g Kokosflocken
20 g Hafercrunch
40 g Schokoladentropfen
2 TL frisch gepresster Zitronensaft

❦❦❦❦❦❦❦❦❦❦❦❦❦❦❦❦❦❦❦❦❦❦❦❦❦❦

Den Backofen auf 175 °C Ober-/Unterhitze vorheizen und ein Backblech mit Backpapier auslegen.

Die weiche Butter mit beiden Zuckersorten und dem Vanilleextrakt cremig aufschlagen, dann das Ei unterrühren.

Das Mehl, eine Prise Salz, die Haferflocken, die Cornflakes, die Kokosflocken und den Hafercrunch in eine separate Schüssel geben und gut vermischen. Die Müslimischung löffelweise unter die Buttermischung rühren, bis ein gleichmäßiger Cookie-Teig entstanden ist.

Zum Schluss die Schokoladentropfen und den Zitronensaft unterheben. Aus dem Teig 15 kleine Kugeln formen, diese mit etwas Abstand zueinander auf das Blech setzen und im Ofen (Mitte) ca. 15 Minuten backen.

HINWEIS:
Die Cookies sollten noch leicht weich sein, wenn sie aus dem Ofen kommen. Nach dem Abkühlen haben sie dann die perfekte Konsistenz.

TIPP:
Wer mag, kann die Cookies noch mit etwas Schokolade verzieren. In einer Keksdose gelagert halten sich die Cookies bis zu 14 Tage.

Erdnuss-Bananen-Müsli-Cookies

Ergibt ca. 16 Cookies

75 g weiche Butter
30 g brauner Zucker
30 g Zucker
1 EL Erdnussbutter
1 reife Banane (ca. 100 g)
1 EL frisch gepresster Zitronensaft
1 Ei (M)
20 g ungesalzene Erdnüsse
160 g Dinkelmehl
1 Prise Salz
30 g Haferflocken
20 g Cornflakes
30 g Hafercrunch
40 g Schokoladentropfen
Erdnüsse zum Verzieren
30 g Vollmilchkuvertüre

Die Butter mit beiden Zuckersorten cremig aufschlagen. Dann die Erdnussbutter unterrühren. Die Banane mit einer Gabel zerdrücken und mit dem Zitronensaft vermengen. Das Bananenmus mit dem Ei unter die Butter rühren.

Die Erdnusskerne grob hacken und mit dem Mehl, einer Prise Salz, den Haferflocken, den Cornflakes und dem Hafercrunch vermischen. Die Müsli-Mehl-Mischung unter die Buttermasse rühren. Zum Schluss die Schokoladentropfen unterheben.

Die Teigschüssel für ca. ½ Stunde in den Kühlschrank stellen. Den Backofen auf 180 °C Ober-/Unterhitze vorheizen und ein Backblech mit Backpapier auslegen.

Aus dem Teig ca. 16 Bällchen formen. Die Bällchen mit etwas Abstand zueinander auf das Backblech setzen und ein paar Erdnüsse in die Oberseite der Bällchen hineindrücken. Die Cookies im Ofen (Mitte) in ca. 15 Minuten goldgelb backen.

Die Müsli-Cookies aus dem Ofen nehmen und vollständig abkühlen lassen. Die Vollmilchkuvertüre hacken und über dem Wasserbad schmelzen lassen. Die Cookies damit nach Belieben verzieren und bis zum Verzehr im Kühlschrank aufbewahren.

Müsli-Cookies mit Cranberrys

Ergibt ca. 16 Bällchen

100 g weiche Butter
30 g brauner Zucker
30 g Zucker
einige Tropfen Vanilleextrakt
1 Ei (M)
60 g Cranberrys
100 g Dinkel-Vollkornmehl
1 Prise Salz
40 g Haferflocken
20 g Cornflakes
15 g Kokosflocken
20 g Mandelblättchen
20 g Hafercrunch
2 TL Oatmeal-Spice-Gewürz (siehe Tipp)
2 TL frisch gepresster Zitronensaft

❀❀❀❀❀❀❀❀❀❀❀❀❀❀❀❀❀❀❀❀❀❀❀❀❀

Den Backofen auf 175 °C Ober-/Unterhitze vorheizen und ein Backblech mit Backpapier auslegen.

Die weiche Butter mit beiden Zuckersorten und dem Vanilleextrakt cremig aufschlagen, dann das Ei unterrühren. Die Cranberrys grob hacken und beiseitestellen.

Das Mehl, eine Prise Salz, die Haferflocken, die Cornflakes, die Kokosflocken, die Mandelblättchen, den Hafercrunch und das Gewürz in eine separate Schüssel geben und gut vermischen. Die Müslimischung löffelweise unter die Buttermischung rühren, bis ein gleichmäßiger Cookie-Teig entstanden ist.

Zum Schluss die Cranberrys und den Zitronensaft unterheben. Aus dem Teig 16 Kugeln formen, diese mit etwas Abstand zueinander auf das Blech setzen und im Ofen (Mitte) ca. 15 Minuten backen.

HINWEIS:
Die Bällchen sollten noch leicht weich sein, wenn sie aus dem Ofen kommen. Nach dem Abkühlen haben sie dann die perfekte Konsistenz.

TIPP:
Nach Belieben können die Bällchen noch mit etwas weißer Schokolade verziert werden. In einer Keksdose gelagert halten sich die Bällchen bis zu 14 Tage. Das Oatmeal-Spice-Gewürz gibt es z.B. über www.justspices.de.

Superfood-Riegel mit Erdnuss, Mandel & Dattel

Ergibt ca. 10 flache Riegel

25 g Datteln
25 g Erdnüsse
25 g gehackte Mandeln
1 EL Chiasamen
10 g Hanfsamen
10 g gepuffte Quinoa
50 g Haferflocken (kernig)
1 EL gemahlene Mandeln
1 TL frisch geriebene Zitronenschale
5 g Rohrzucker
1 Prise Salz
40 g Kokosöl
20 g cremiger Honig
1 EL Ahornsirup
10 g Mandelmus
2 TL Zitronensaft

❊❊❊❊❊❊❊❊❊❊❊❊❊❊❊❊❊❊❊❊❊❊❊❊❊❊

Den Backofen auf 160 °C Ober-/Unterhitze vorheizen und ein Backblech mit Backpapier auslegen.

Die Datteln und die Erdnüsse klein hacken und mit den restlichen trockenen Zutaten in einer großen Schüssel vermischen.

Das Kokosöl, den Honig, den Ahornsirup und das Mandelmus in einem kleinen Topf unter Rühren schmelzen, dann den Zitronensaft einrühren. Die flüssige Mischung über die trockenen Zutaten gießen und alles gut vermengen.

Die Mischung auf das Backblech geben und mithilfe eines schweren Gegenstandes (z.B. eines Topfes) zu einem gleichmäßigen, ca. 1,5 cm dicken Quadrat festdrücken.

Die Müsliplatte im Ofen (Mitte) in ca. 20 Minuten backen. Die Müsliplatte aus dem Ofen nehmen, vollständig abkühlen lassen, dann in Riegel schneiden.

Körner-Powerriegel

Ergibt ca. 8 Riegel

12 g Walnusskerne
15 g Sonnenblumenkerne
10 g Sesam
10 g Chiasamen
25 g gehackte Haselnüsse
30 g Butter
1 TL Rohrzucker
1 TL Honig
1 EL Ahornsirup
25 g Haferflocken (kernig)
25 g Rosinen
1 TL Mehl

❀❀❀❀❀❀❀❀❀❀❀❀❀❀❀❀❀❀❀❀❀❀❀❀❀❀

Den Backofen auf 170 °C Ober-/Unterhitze vorheizen und ein Backblech mit Backpapier auslegen.

Die Walnusskerne klein hacken und nach Belieben zusammen mit den Sonnenblumen-kernen, dem Sesam, den Chiasamen und den Haselnüssen in einer kleinen Pfanne ohne Fett leicht rösten.

Die Butter, den Rohrzucker, den Honig und den Ahornsirup in einen kleinen Topf geben und unter Rühren aufkochen. Die gerösteten Zutaten sowie die Haferflocken, die Rosinen und das Mehl dazugeben und unter Rühren ca. 1 Minute köcheln.

Die Masse auf das Backblech geben und zu einem Quadrat mit einer Dicke von ca. 1,5 cm drücken und formen.

Die Müsliplatte im Ofen (Mitte) in ca. 10–15 Minuten backen. Die Müsliplatte aus dem Ofen nehmen, vollständig abkühlen lassen, dann in Riegel schneiden.

51

Quinoa-Cranberry-Riegel

Ergibt ca. 8 Riegel

2 Bananen
2 TL Zitronensaft
50 g Walnüsse
60 g Haferflocken
20 g gepuffte Quinoa
60 g Cranberrys
20 g Sesam
2 EL cremiger Honig

Den Backofen auf 180 °C Ober-/Unterhitze vorheizen und ein Backblech mit Backpapier auslegen.

Die Bananen mit dem Zitronensaft in eine Schüssel geben und mit einer Gabel zu einem Mus zerdrücken.

Die Walnüsse grob hacken. Die Haferflocken, die Quinoa, die Cranberrys, den Sesam, die Walnüsse und den Honig unter das Mus rühren.

Mit einem Esslöffel 8 Häufchen mit etwas Abstand zueinander auf das Blech setzen. Die Häufchen anschließend zu länglichen Riegeln formen und flach drücken. Die Riegel im Ofen (Mitte) in ca. 18–22 Minuten goldgelb backen.

Nach dem Abkühlen bis zum Verzehr im Kühlschrank aufbewahren.

Superfood Bars mit Pistazie, Kakaonibs & Orange

Ergibt ca. 10 flache Riegel

15 g Pistazien
1 EL Chiasamen
25 g Kakaonibs
50 g Haferflocken (kernig)
10 g gepuffter Amarant
20 g Kokosflocken
1 EL gemahlene Haselnüsse
1 TL frisch geriebene Orangenschale
1 Prise Salz
1 EL Rohrzucker
40g Kokosöl
20 g cremiger Honig
1 EL Ahornsirup
10 g Erdnussbutter
2 TL Orangensaft
Mark von ¼ Vanilleschote

❖❖❖❖❖❖❖❖❖❖❖❖❖❖❖❖❖❖❖❖❖❖❖❖❖

Den Backofen auf 160 °C Ober-/Unterhitze vorheizen und ein Backblech mit Backpapier auslegen.

Die Pistazien klein hacken und mit den restlichen trockenen Zutaten in einer großen Schüssel vermischen.

Das Kokosöl, den Honig, den Ahornsirup und die Erdnussbutter in einem kleinen Topf unter Rühren schmelzen, dann den Orangensaft und das Vanillemark einrühren. Die flüssige Mischung über die trockenen Zutaten gießen und alles gut vermengen.

Die Mischung auf das Backblech geben und mithilfe eines schweren Gegenstandes (z.B. eines Topfes) zu einem gleichmäßigen, ca. 1,5 cm dicken Quadrat festdrücken.

Die Müsliplatte im Ofen (Mitte) ca. 20 Minuten backen. Die Müsliplatte aus dem Ofen nehmen, vollständig abkühlen lassen, dann in Riegel schneiden.

Gojibeeren-Riegel

Ergibt ca. 8 Riegel

2 Bananen
2 TL Zitronensaft
20 g Kakaonibs
40 g Gojibeeren
20 g gepuffter Amarant
50 g Dinkelflocken
20 g Hanfsamen
20 g Chiasamen
2 EL Ahornsirup

❋❋❋❋❋❋❋❋❋❋❋❋❋❋❋❋❋❋❋❋❋❋❋❋❋❋❋❋❋

Den Backofen auf 180 °C Ober-/Unterhitze vorheizen und ein Backblech mit Backpapier auslegen.

Die Bananen mit dem Zitronensaft in eine Schüssel geben und mithilfe einer Gabel zu einem Mus zerkleinern.

Die Kakaonibs, die Gojibeeren, den Amarant, die Dinkelflocken, die Hanfsamen, die Chiasamen und den Ahornsirup unter das Bananenmus rühren.

Mit einem Esslöffel 8 Häufchen mit etwas Abstand zueinander auf das Blech setzen. Die Häufchen anschließend zu länglichen Riegeln formen und flach drücken. Die Riegel im Ofen (Mitte) in ca. 18–22 Minuten goldgelb backen.

Nach dem Abkühlen bis zum Verzehr im Kühlschrank aufbewahren.

Amaranth Bars

Ergibt ca. 5–7 Riegel

25 g Soft-Datteln
12 g Soft-Feigen
12 g Walnusskerne
25 g gehackte Mandeln
10 g Sesam
35 g Butter
15 g Rohrzucker
1 EL flüssiger Honig
1 EL Ahornsirup
10 g Chiasamen
15 g Haferflocken (kernig)
10 g Hafercrunch
1 Prise Salz
½ TL Zimt

Den Backofen auf 170 °C Ober-/Unterhitze vorheizen und ein Backblech mit Backpapier auslegen.

Die Datteln, die Feigen und die Walnusskerne grob hacken. Die Walnusskerne, die Mandeln und den Sesam in einer beschichteten Pfanne goldgelb rösten.

Die Butter, den Rohrzucker, den Honig und den Ahornsirup in einen kleinen Topf geben und unter Rühren aufkochen. Alle restlichen Zutaten dazugeben und unter Rühren ca. 1 Minute köcheln.

Die Masse auf das Backblech geben und zu einem Quadrat mit einer Dicke von ca. 1,5 cm drücken und formen.

Die Müsliplatte im Ofen (Mitte) ca. 10–15 Minuten backen. Die Müsliplatte aus dem Ofen nehmen, vollständig abkühlen lassen, dann in Riegel schneiden.

Tomate-Käse-Pinienkern-Rauten

Ergibt ca. 8–10 Riegel

40 g sonnengetrocknete Tomaten
1 Knoblauchzehe
50 g Bergkäse oder Greyerzer
40 g Parmesan
50 g Salatkerne-Mix (Sonnenblumenkerne,
  Kürbiskerne, Pinienkerne)
25 g Sesam
25 g Haferflocken
10 g Hanfsamen
30 g Pinienkerne
1 TL Oregano
1 TL Kräuter der Provence
1 Prise geräuchertes Paprikapulver
  (Pimentón de la Vera)
1 Prise Salz
frisch gemahlener Pfeffer
1 Ei

❋❋❋❋❋❋❋❋❋❋❋❋❋❋❋❋❋❋❋❋❋❋❋❋❋

Den Backofen auf 200 °C Ober-/Unterhitze
vorheizen und ein Backblech mit Backpapier
auslegen.

Die Tomaten und den geschälten Knoblauch fein
hacken und den Käse fein reiben. Die Salatkerne
fein hacken. Die Tomaten, den Knoblauch und
den Käse mit den restlichen trockenen Zutaten
und den Gewürzen in eine große Schüssel geben
und vermischen. Das Ei verquirlen und unter die
trockenen Zutaten rühren. Alles gut verrühren,
bis eine gleichmäßige Mischung entstanden ist.

Die Mischung auf das Backblech geben und mithilfe eines schweren Gegenstandes (z.B. eines
Topfes) zu einem gleichmäßigen, ca. 1,5 cm
dicken Quadrat festdrücken.

Die Müsliplatte im Ofen (Mitte) in ca. 20 Minuten
backen. Die Müsliplatte aus dem Ofen nehmen,
vollständig abkühlen lassen, dann in Rauten
schneiden.

TIPP:

*Für besonders pikante Müsliriegel kann man die Pinienkerne
teilweise oder ganz durch gesalzene Erdnüsse ersetzen. Nach
Belieben kann auch noch etwas frisch gehackter Habanero-
Chili untergemischt werden.*

Oliven-Parmesan-Cracker

Ergibt ca. 12 Cracker

50 g Oliven
100 g geriebener Parmesan
70 g Salatkerne-Mix (Sonnenblumenkerne,
    Kürbiskerne, Pinienkerne)
30 g Sesam
40 g Dinkelflocken
2 TL Pizzakräuter
¼ TL Paprikapulver, scharf
1 Msp. Knoblauchpulver

Den Backofen auf 190 °C Ober-/Unterhitze vorheizen und ein Backblech mit Backpapier auslegen.

Die Oliven klein hacken und mit 80 g Parmesan und den restlichen Zutaten in einer Schüssel vermischen.

Mit einem Löffel 12 Häufchen auf das Backblech setzen und leicht festdrücken. Das Blech für ca. 10 Minuten in den Ofen (oberes Drittel) schieben. Den Ofen nicht aus den Augen lassen, und sobald die Cracker leicht braun werden, das Blech aus dem Ofen nehmen und die Cracker mit dem restlichen Parmesan bestreuen. Das Blech erneut für ca. 5 Minuten in den Ofen schieben und fertig backen.

Register

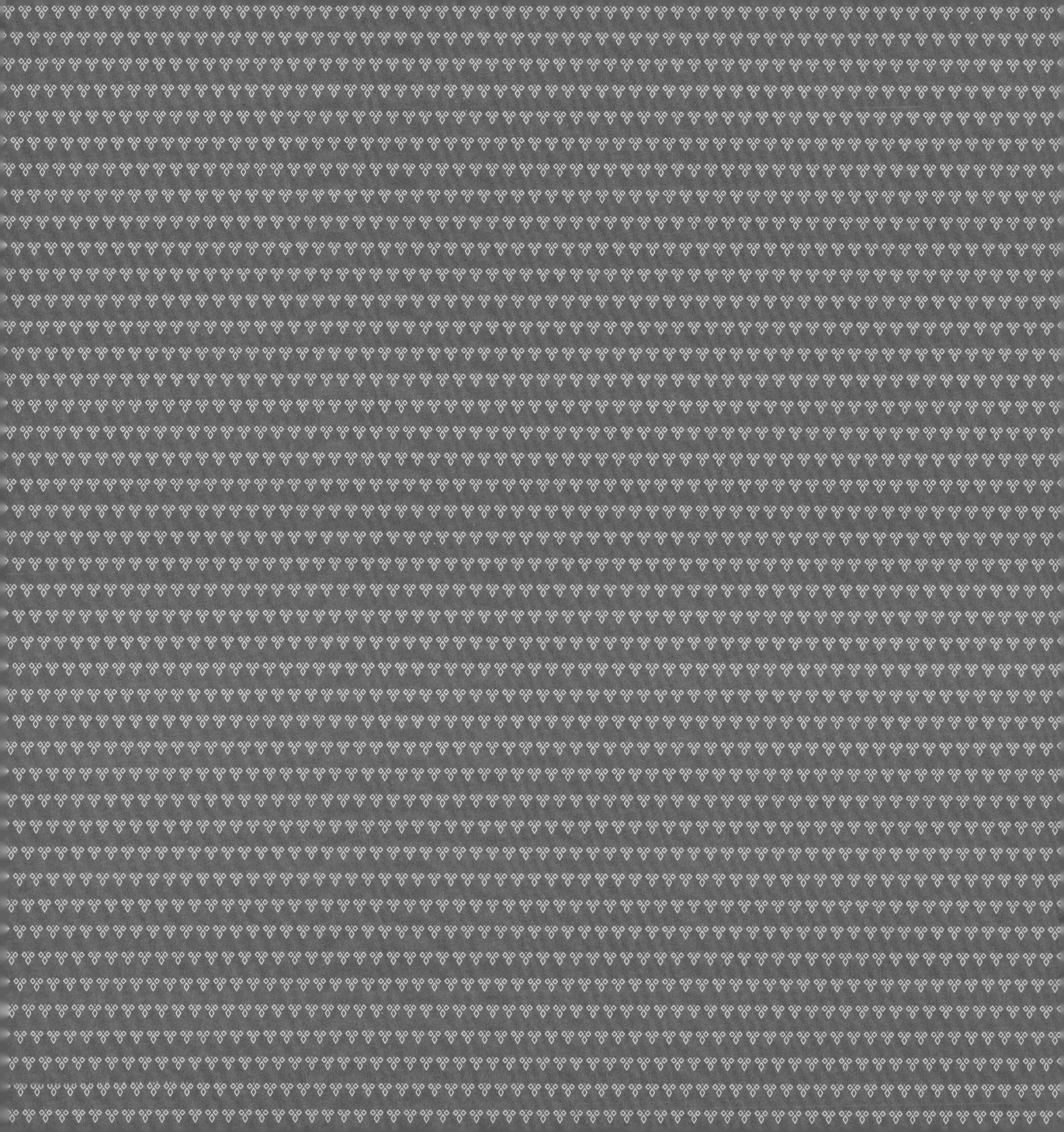